經典 °
少年遊

005

王莽
爭議的改革者

Wang Mang
The Controversial Reformer

繪本

故事◎岑澎維

繪圖◎鍾昭弋

元ㄩㄢˊ始ㄕˇ四ㄙˋ年ㄋㄧㄢˊ，
十ㄕˊ四ㄙˋ歲ㄙㄨㄟˋ的ㄉㄜ˙漢ㄏㄢˋ平ㄆㄧㄥˊ帝ㄉㄧˋ，
喝ㄏㄜ下ㄒㄧㄚˋ王ㄨㄤˊ莽ㄇㄤˇ獻ㄒㄧㄢˋ給ㄍㄟˇ他ㄊㄚ的ㄉㄜ˙一ㄧˋ杯ㄅㄟ祝ㄓㄨˋ賀ㄏㄜˋ酒ㄐㄧㄡˇ後ㄏㄡˋ，
倒ㄉㄠˇ在ㄗㄞˋ地ㄉㄧˋ上ㄕㄤˋ打ㄉㄚˇ滾ㄍㄨㄣˇ。
「朕ㄓㄣˋ的ㄉㄜ˙肚ㄉㄨˋ子ㄗ˙……，
朕ㄓㄣˋ的ㄉㄜ˙肚ㄉㄨˋ子ㄗ˙好ㄏㄠˇ痛ㄊㄨㄥˋ啊ㄚ！」
大ㄉㄚˋ雪ㄒㄩㄝˇ紛ㄈㄣ飛ㄈㄟ的ㄉㄜ˙季ㄐㄧˋ節ㄐㄧㄝˊ，
皇ㄏㄨㄤˊ帝ㄉㄧˋ的ㄉㄜ˙額ㄜˊ頭ㄊㄡˊ上ㄕㄤˋ，
卻ㄑㄩㄝˋ冒ㄇㄠˋ出ㄔㄨ一ㄧˋ顆ㄎㄜ顆ㄎㄜ汗ㄏㄢˋ珠ㄓㄨ。

3

「來人哪，快！
快扶皇上回寢宮休息。」
王莽看起來很著急，
指揮著宮女們，把皇帝送回寢宮去。
御醫、祈禱、解藥，
都救不回一切，
平帝年輕的生命，
就結束在王莽的毒酒裡。

這位十四歲的小皇帝沒有留下兒子，
於是王莽找來兩歲大的孺子嬰當皇帝。
「皇帝年紀太小，
需要有人代理他的工作，
這個工作該讓誰來做呢？」
王莽這時候的職位是「安漢公」，
他心裡很想當皇帝，只是不好意思說出來。

7

「有人掘井挖出一塊古代白玉，
上面刻著『告安漢公莽為皇帝』，
看來，這個代理皇帝的工作，
得由安漢公來做了。」
王莽聽了，笑著搖搖頭說：
「不行，我怎麼能代理皇帝呢？」
但是之後太皇太后就下詔
要由安漢公代理皇帝職位。

於是王莽從「安漢公」
變為代理皇帝，
臣民們都稱呼他為「攝皇帝」。
但是王莽心裡最想要的，
還是大權在握的真皇帝。

有一個叫哀章的人，
為了迎合王莽，
好求得一官半職，
於是秘密打造了一個銅櫃。
銅櫃裡放著假造的金策書。
金策書上寫著：
「高祖皇帝劉邦傳位予
得到金策書之人。」

「呵呵呵，
這真是上天要磨練我，
要我接下這辛苦的工作哇！」
王莽知道以後，虛偽的搖著頭，
假裝很為難的樣子。
可是既然金策書都這麼說了，
王莽就不客氣的要求
孺子嬰把皇位禪讓給他。

15

當他登上皇位的時候，
還拉著孺子嬰的手說：
「周公把王位還給成王， 傳為美談。
我卻因為天命無法違背，
只好接下這個位置。」
因為他裝得很誠懇，
許多大臣都被他的話感動了，
以為王莽真的有說不出的委屈。

新ㄒㄧㄣ的ㄉㄜ王ㄨㄤ朝ㄔㄠ、 新ㄒㄧㄣ的ㄉㄜ制ㄓ度ㄉㄨ、 新ㄒㄧㄣ的ㄉㄜ氣ㄑㄧ象ㄒㄧㄤ，

王ㄨㄤ莽ㄇㄤ就ㄐㄧㄡ把ㄅㄚ國ㄍㄨㄛ號ㄏㄠ定ㄉㄧㄥ為ㄨㄟ「 新ㄒㄧㄣ 」。

這ㄓㄜ一ㄧ年ㄋㄧㄢ， 就ㄐㄧㄡ稱ㄔㄥ為ㄨㄟ「 初ㄔㄨ始ㄕ元ㄩㄢ年ㄋㄧㄢ 」。

為ㄨㄟ了ㄌㄜ讓ㄖㄤ國ㄍㄨㄛ家ㄐㄧㄚ煥ㄏㄨㄢ然ㄖㄢ一ㄧ新ㄒㄧㄣ，

王ㄨㄤ莽ㄇㄤ急ㄐㄧ著ㄓㄜ做ㄗㄨㄛ出ㄔㄨ很ㄏㄣ多ㄉㄨㄛ改ㄍㄞ革ㄍㄜ。

他把官名改過來，
「郡太守」改為「大尹」，
「縣令」改為「宰」；
他也把地名全改了過來，
有些地名，一連被改了五、六次，
改得大家常常不知道自己住在什麼地方。

21

王莽也限制人民擁有的土地面積，
多出來的土地是國家的，
稱為「王田」，由國家負責分配；
他還改革幣制、奴婢不能隨意買賣……。
結果幣制越改越亂，
官名、地名改得太複雜，人民也很不滿。

但是王莽還是一心只想
「改、改、改，
新朝就是一切都要『新』！」
王莽天天忙著想，
想看看還有什麼可以改革。
「快、快、快，趕快改過來！」
王莽的改革讓人喘不過氣來。

接下來要改革的，
就是四周鄰近的民族。
這些民族的領袖原本都稱「王」，
王莽卻把他們都降為「公」或「侯」，
把他們當「臣子」來看待。
地位低了一級，
讓這些民族非常生氣，紛紛起來反抗。

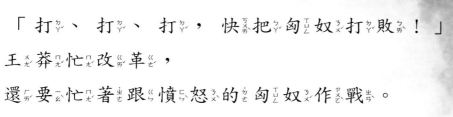

「打、打、打，快把匈奴打敗！」
王莽忙改革，
還要忙著跟憤怒的匈奴作戰。
王莽沒有辦法平定他們，
反而讓住在邊境的居民，
沒有安定的日子過。

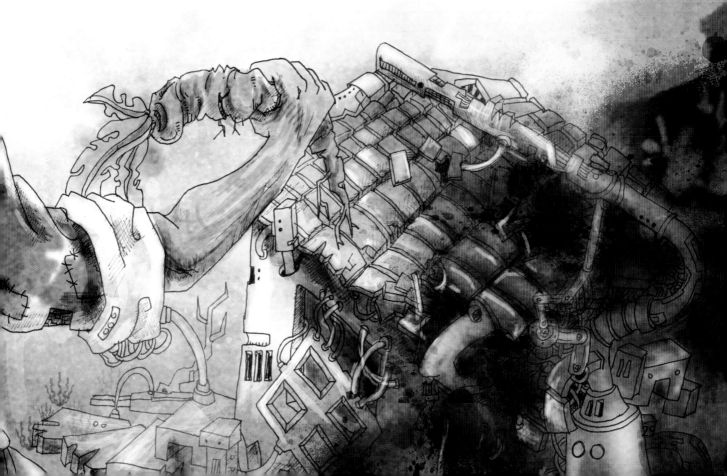

新朝被弄得一團混亂：

國內有綠林軍和赤眉兵作亂，

四周有西域、匈奴、高句麗等國的反抗。

「怎麼辦？怎麼辦？」

內憂加上外患，

王莽急得像熱鍋上的螞蟻。

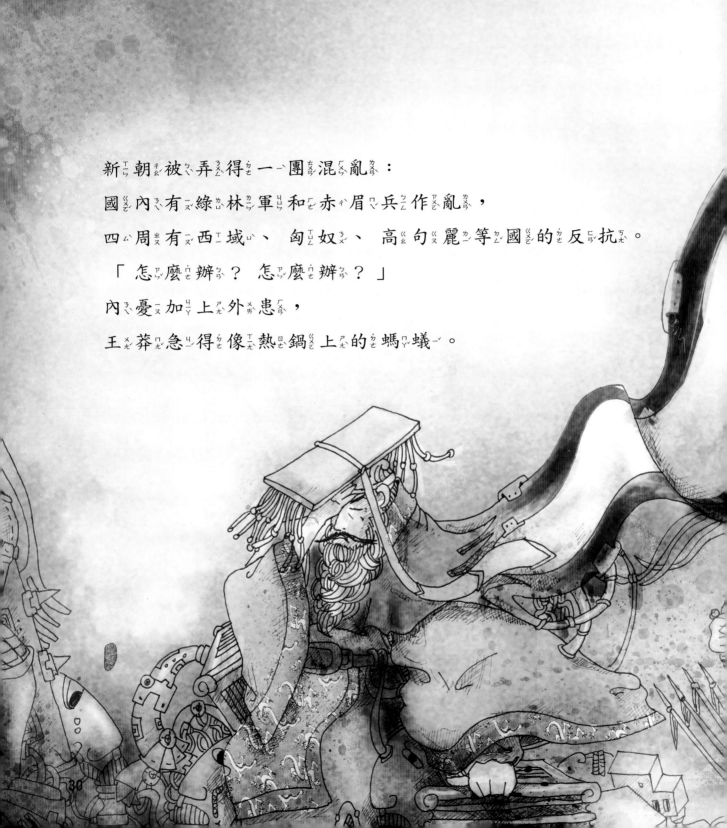

綠林強盜和赤眉流民，
都是受不了新政的人民。
「繳不完的稅，讓我受不了啦！」
「我兒子怎麼一天到晚被抓去關？
我怎麼一不小心又犯罪了！」
起來反抗的百姓越來越多，
王莽只知道鎮壓，
從來不去想百姓為什麼起來反抗。

漢高祖劉邦的後代，
劉縯、劉秀和劉玄，
都加入綠林軍的行列。
劉玄先被推立為皇帝，
領導這一個反抗新朝的軍隊。

在昆陽的那一場戰役裡，
劉秀奉劉玄的命令帶領著軍隊，
以少勝多，
把王莽的軍隊打了個落花流水、滿地找牙。
王莽被逼得走投無路，
最後還是被殺害。

帶不走的改革理想，
帶不走的權勢、皇位。
當了十五年皇帝的王莽，
不知道愛護百姓，
只知道不斷的改革，
最後還是被推翻了。

他所建立的「新朝」，
也在一瞬之間，一起覆滅。
他的理想和熱情，
隨著朝代的滅亡，
也沉埋在歷史長河之中。

41

王莽
爭議的改革者

讀本

原典解說 ◎ 岑澎維

王莽從一個皇室外戚身分，到發動政變推翻漢朝，這一路有什麼人與他相關呢？

TOP PHOTO

王莽（公元前 45 年～公元 23 年）是王政君的侄兒，父親王曼早逝。在西漢晚期，國家大事已由王氏家族控制，王家的子弟們輕浮浪費，只有王莽例外，因此得到了很好的名聲，也逐漸掌握權力。在推翻漢朝建立新朝後，王莽進行了一連串的政治改革，卻因為欠缺實際考量，政策推廣不力，加速了新朝的滅亡。

王莽

相關的人物

漢平帝

王政君

漢成帝的母親，也是王莽的姑姑。由於漢成帝與繼位的漢哀帝都沒有子嗣，王莽利用這一點，盡力取悅身為太皇太后的王政君。除了賞賜土地給她的姊妹，連她僕人的兒子生病了，王莽都要親自照顧。等王莽終於顯露野心時，王政君已經無力阻止他，只能把國家交給他。

漢成帝過世後由哀帝即位，哀帝在位的時候，王莽遭受排擠只好暫時隱居。但哀帝死後，王莽又掌握權力，扶持九歲的平帝當皇帝。據說，平帝長大以後開始討厭王莽，所以最後被王莽毒死。

王鳳是王莽的伯父，也是漢元帝皇后王政君的哥哥。由於王莽的父親早逝，王鳳還有王政君都照顧著王莽一家。漢元帝過世以後，成帝即位為皇帝。王鳳被任命為大司馬、大將軍，國家大事都掌握在他手中。王鳳還提拔過王莽，讓他受封為新都侯。

王莽為了鞏固權力，把年僅九歲的女兒嫁給漢平帝，歷史上稱為孝平皇后。一年之後，平帝卻突然過世。不久王莽便推翻漢朝，建立「新」朝。孝平皇后無法原諒父親，等到新朝滅亡了，便選擇投火自殺謝罪。

王莽所建立的新朝，在後期遇到許多天災。王莽拿不出解決的辦法，飢餓的人民於是起來反抗政府。劉玄是漢朝皇室的後代，他滅掉新朝，卻因為統治不得人心，很快就被人殺掉。

劉秀也是漢朝皇族的後代，他統一了新朝結束後紛亂的天下，成為東漢的開國皇帝。劉秀即位以後，為了矯正以前社會上虛偽的風氣，特別重視讀書人的品德與操守，後來影響東漢文化很深。

45

王莽為了獲得最高的權力、登上皇位，一路謹慎經營。他究竟做了哪些事情呢？

公元前 45 年

王莽年輕時生活簡樸，酷愛儒術，對人謙恭有禮，因此族人都對他讚不絕口。王鳳生病了，王莽片刻不離的照顧，王鳳深受感動，臨死前便將他推薦給皇帝，開啟他的政治生涯。

公元前 8 年

王莽三十八歲時受到王根（王鳳之弟）的推薦，得到大司馬的職位。王莽非常努力的工作，還捐出所有的賞賜，分給貧窮的士人，得到社會的敬佩。王莽甚至讓妻子穿著破舊的衣服接待客人，以營造節儉的形象。

公元前 7 年

王莽遭到傅太后的排擠，只好回到自己的封地。王莽很安分守己，他的兒子殺害一個僕人，被王莽逼得自殺謝罪。同情王莽的人很多，光是為他陳情的書信就達到上百封。

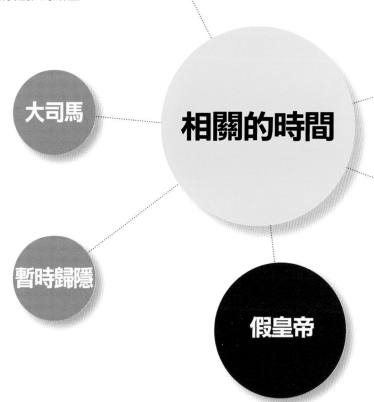

公元 4 年

哀帝死後，王莽重獲權力，以安漢公的頭銜輔佐年幼的皇帝。王莽輔政四年後，獲得九錫的賞賜。同一年平帝去世，王莽挑選兩歲的孺子嬰為皇帝，仿效周公攝政的故事，向皇室自稱「假皇帝」，並向臣民自稱「攝皇帝」。

公元 8 年

這一年，各地時常出現「奇蹟」，暗示王莽應該成為皇帝。有人便在漢高祖的廟中放一個銅盒，說天命已歸王莽所有。王莽得知消息，便宣布接受天命，成為天子，並將國號改為「新」。右圖為新朝流通最廣的貨幣——大泉五十，中國國家博物館藏。

建立新朝

新朝滅亡

公元 23 年

新朝中期全國陸續碰到旱災和蝗災，有些地方甚至出現人吃人的慘劇。王莽的解決辦法，卻是派使者教人民如何烹調草根樹皮，導致情形更加惡化。饑餓引爆了大規模的暴動，最後也滅亡了新朝。右圖為王莽建立新朝後，為統一度量衡所頒發的詔書。

王莽奪取了漢朝的政權後，展開了許多改革。
在他所建立的新朝中，出現了哪些與他相關的事物呢？

西漢前期，大司馬只是一個頭銜，加在其他官職前面，如霍光以「大司馬大將軍」輔政；西漢中期以後，大司馬才成為獨立的官職，由擠進權力核心的大臣擔任。王莽長期培植個人聲望，因此三十八歲就獲得這個職位。

大司馬

乞骸骨是西漢大臣向皇帝請求退休常用的說法，意思是回到故鄉安養天年；有時也有遠離政治紛擾，保護自己的用意。成帝過世後由哀帝即位，王莽受到傅太后的排斥，因此上書「乞骸骨」，回到自己的封地暫避鋒頭。

乞骸骨

相關的事物

TOP PHOTO

九錫

九錫是中國漢朝以來，由皇帝給臣子的九種最高賞賜。漢哀帝死後，王莽再度獲得權力，由他輔佐平帝。到後來已找不到能夠賞賜給他的職位，便賜他「九錫」，以象徵王莽的地位。後來，「加九錫」就成為歷代大臣篡位前的重要儀式。上圖裡的這一座皇帝輦輿，其中左前方有兩人合抬的是供皇帝上下輦使用的「納陛」，而納陛正是九錫之一。

天人感應是由漢朝的董仲舒所提出的一套神學理論。漢朝的儒家思想摻雜陰陽五行的學說，認為天地萬物彼此連繫，所以皇帝獲得王位是受到了上天的指示；而皇帝若是犯了過錯，往往會引發天災，作為一種示警。儒家企圖以這套理論，合法化君主取得政權或是限制君主的權力。王莽便是憑藉這套學說來取得漢室的政權。

西漢後期，儒家學說的神秘色彩越來越濃，出現了讖緯之學。「讖」是一種預言式的文字或圖畫，「緯」是引用儒家經典，大談陰陽災異。漢朝特別重視讖緯之學，它們是政治的預言，也為政權的合法性提供神學上的基礎。王莽利用了讖緯製造輿論，強調自己是按照預言當上皇帝的。

王莽宣布將土地收歸國有，由政府進行分配，稱為王田。規定男性少於八人的家庭，最多只能擁有九百畝土地，超過的部分必須分給族人，違法者要處以死刑。命令頒布後，社會譁然，實行三年後黯然取消。

五銖錢是漢朝通用的貨幣，漢武帝時開始鑄造。王莽的改革計畫中也有貨幣改革，但過於複雜瑣碎，前後出現三十幾種貨幣，所以私底下民間仍使用五銖錢交易。五銖錢風行了六、七百年，到了隋朝才被取代。右圖為北京懷柔區出土的西漢五銖錢，現由北京首都博物館藏。

王莽如何營造繼承「天命」的必然性？
又為何失去「天命」？

王莽的父親因為早逝，沒有得到爵位。但王莽愛好儒術，待人謙恭有禮，很早便得到良好的名聲。漢成帝即位後，王莽被封為新都侯，封地在新野的都鄉，也就是河南省新野縣南邊，開啟了他的政治生涯。目前仍可見王莽封地的新都城遺址。

王莽以「攝皇帝」名義統治國家時，東郡（河南省濮陽市）太守翟義舉兵反抗。控訴王莽毒殺平帝，想要取代漢朝，不久後就被鎮壓，這也是王莽在稱帝的過程中，少數遭遇的阻力。

新野

東郡

相關的地方

五門堰

TOP PHOTO

陝西省漢中市固縣以北有個五門堰，是至今仍在使用，灌溉固縣廣大農田的水利工程。由於王莽建立新朝後，非常積極想要鞏固自己的地位。有次他來到固縣看到這裡擁有廣大田地卻缺乏灌溉水源，於是他仿效蕭何築壩引水，贏得漢中民心，並且為劉邦奠下爭天下的基礎的做法，親自在此修築了五門堰，解決了固縣長久以來缺水的問題。

武功白石

王莽受完九錫之禮之後，當年年底漢平帝便過世了。就在同一個月，武功縣傳來一個消息，說縣長在鑿井時挖到一個上圓下方的白石，刻著「告安漢公莽為皇帝」文字。此後，王莽便開始用「攝皇帝」的名義治理國家大事。武功縣就是現在的咸陽市武功縣。

綠林山

新朝末年，因政府無力解決旱災與饑荒問題，引爆了大規模的叛亂。叛亂的軍隊以湖北當陽的綠林山為根據地，之後開始轉移。向西發展的稱為下江兵，向北進攻的則稱為新市兵。

舂陵

劉秀的祖先曾被封為舂陵侯，後來封地被遷徙到南陽蔡陽（今日湖北棗陽）。綠林軍起義後，劉秀與他的哥哥劉縯也在舂陵（湖北棗陽）組成一支部隊，號為舂陵兵。與北上的綠林軍合作，對抗王莽軍隊。

王莽嶺

王莽嶺位於山西省陵川縣東部。相傳王莽為了鎮壓參與綠林軍起義的劉秀，一路追趕劉秀到此地紮營因而得名。王莽嶺風景宜人，群峰交錯，呈現出多樣的景致。而王莽嶺山腳下還有一處傳說有仙人煉丹的絕景錫崖溝，使得王莽嶺擁有中原後花園的美譽。

TOP PHOTO

王莽

王莽年紀很小的時候，父親、兄長都去世了，家中只有母親和嫂嫂。王莽從小就非常孝順，生活儉樸又勤讀詩書，村子裡，大家都知道這個守禮節又努力的人。

王莽的姑媽王政君是漢元帝的皇后。漢宣帝去世之後，漢元帝登基為新的漢朝皇帝。由於王莽父親、兄長去世得早，王元后於是把可憐的孤兒寡母接進宮中就近照顧。

王莽的叔伯們，一個個都做了大官，王家子弟大多驕縱奢侈，只有王莽例外的待人有禮，又做事勤奮。

王莽二十四歲開始作官，到了漢成帝時，叔叔王商還曾經上書，願意拿出一部份皇帝賞賜的土地、財物，轉送給王莽；朝廷的大臣，也大力推薦這個謙虛又勤奮的年輕人。所以王莽的為官之路，如意又順利。三十歲那年，漢成帝封王莽為新都侯，還升任他為光祿大夫侍中，這是皇帝身旁重要的侍衛大臣，隨時都可以接近皇帝。官位越來越高升的王莽，態度更加謙卑，常把俸祿或者皇帝的賞賜，分送出去，

爵位益尊，節操愈謙。散輿馬衣裘，振施賓客，家無所餘。——《漢書·王莽傳》

救濟貧苦的人，所以大家都對他讚賞不已。

　　後來王莽的叔父王根生了重病，就舉薦王莽接替自己大司馬的位置，那時王莽才三十八歲，就掌握了朝中實權。

　　成帝死後，哀帝繼位，王莽的姑媽——王政君被封為太皇太后。哀帝上任後重用董賢，王莽因此不受到重視就先辭了官。隱退期間，王莽的兒子王獲因故殺了奴婢，王莽便命令王獲自殺，博得了剛正無阿的美譽。

　　王莽回封地退隱三年的期間，百官們上書陳情，希望哀帝能讓王莽總理國政，哀帝只好招回王莽，王莽才又掌握了國家大權。

　　哀帝死後，王莽迎九歲的漢平帝繼位。平帝年幼，很多大臣於是諫請太皇太后加封王莽，讓他協助平帝處理朝政。但王莽假意推辭，大臣們更不斷的力勸他回到朝廷，太皇太后最後只好下詔封王莽為安漢公來輔佐漢平帝。

井田雖聖王法，其廢久矣。周道既衰，而民不從。今欲違民心，追復千載絕迹，雖堯舜復起，而無百年之漸，弗能行也。 ──《漢書‧王莽傳》

　　王莽被封為宰衡後，處處以周公自居，施行周禮，大力宣揚禮樂教化。有大臣上書説：周公設禮作樂需要七年，而王莽只用四年，天下就昇平，真是了不起呀！

　　只不過當了五年傀儡皇帝的漢平帝，最終還是逃不過王莽的魔掌，王莽用毒椒酒害了平帝。

　　平帝死後，王莽立只有二歲的孺子嬰為帝。這時武功縣的縣令在掘井時挖到了一塊白玉，上面刻著：「告安漢公莽為皇帝」。太皇太后聽到了這個消息，加上大臣們都繪聲繪影的説這是天命，因此下詔，任命王莽為攝皇帝。雖然只是代理皇帝，王莽卻一心想當真皇帝。於是王莽假借各種符命、傳説，讓自己因為「天命」而當上皇帝。

　　公元八年，王莽正式稱帝，改國號為「新」。

王莽在位十五年，以周禮為施政理想，大力改革。他把土地收歸國有，稱為「王田」；鹽、鐵、酒、幣制、山林川澤也收歸國有，利用國家力量，平衡物價，防止商人剝削，增加國庫收入。

王莽的施政雖然用心，卻太過急躁而用錯方法，就以「井田」來說，有人向王莽建言：「這個制度已太久沒施行了，當初秦朝知道這不是好的方法，才予以廢止，現在不可以違背人民的意思，強行推行。」但是王莽就是不接受。不只平民百姓無法享有好處，富商、地主、貴族也強烈反對，加上天災降臨、外患不斷，將建立才十五年的新朝，一步步推向滅亡。

饑餓困苦的民眾聚為「綠林」及「赤眉」二大盜匪集團，四處作亂。當時人心思漢，希望再回到漢王朝統治的好時光，於是劉玄、劉縯、劉秀等漢朝後裔就被推舉為領袖。

昆陽一戰，劉秀以寡敵眾，大敗王莽軍隊。王莽被逼得走投無路，最後被商人杜吳一刀結束了王莽的性命，也結束了新朝短暫的命運。

王政君

西漢以來，一直有個慣例，就是由外戚輔助皇帝處理國家政事。

漢元帝的皇后王政君，歷經元、成、哀、平四個皇帝六十餘年，她的親人大舉進入朝廷當官。王政君是王莽的姑媽，王莽可以一路高升掌握大權，王政君是最大關鍵。

王政君的父親王禁曾經請算命先生為女兒看相卜卦，說這個女兒：「當大貴，不可言。」意思是說這女兒以後會有不錯的境遇。王禁聽了，就請了許多老師師教她讀書學經，學習琴棋書畫，用心栽培她。

王政君十八歲時，王禁就想辦法把王政君送到宮中。不久果真成了太子妃，應驗了算命先生的預言，從此王家就在西漢末年的歷史中，具有極大的影響力，也引出了王莽這個激進又充滿爭議的人物。

漢宣帝去世，皇太子劉奭即位，史稱漢元帝。元帝立王政君為

使卜數者相政君，「當大貴，不可言。」禁心以為然，
乃教書，學鼓琴。——《漢書·王后傳》

皇后，但王政君生下太子後，就被冷落了。元帝喜歡傅昭儀
所生的定陶共王，想廢太子，這時王家的人大為緊張。幸好
元帝身邊的大臣，以死向元帝諫言，元帝才打消廢太子的念
頭，也保住了王政君及王家在朝廷的地位。

　　元帝過世後，由漢成帝即位，尊母親王政君為皇太后，
大封王氏家族。所謂「五大司馬」——王鳳、王音、
王商、王根、王莽，都是王家的人，外戚勢力如此
昌盛，就在王政君成為皇后開始的。

　　王莽三十八歲，就掌高官位，但王莽行事更加
恭敬有禮，結交各地賢士大夫，把自己的財物救助
災民或好友，得到了不少的美譽，暗暗的培植自己
在朝廷中的勢力。

　　這一切都是王政君入宮為后，所帶來的歷史。

後日，未央宮置酒，內者令為傅太后張幄，坐於太皇太后坐旁。 莽案行，責內者令曰：「定陶太后藩妾，何以得與口至尊並！」 ──《漢書‧王莽傳》

　　王政君取得后位後，大權在握，但也並非事事如意。

　　王政君的兒子──漢成帝沒有兒子可以繼位。在成帝去世之後，由成帝弟弟之子漢哀帝即位，並尊王政君為太皇太后。哀帝引用春秋書中──「母以子貴」的理由，尊自己親生的祖母傅太后為共皇太后。傅太后是當年漢元帝的最愛，與漢元帝育有一子，元帝封其為定陶共王。而漢哀帝就是定陶共王的兒子。

　　元帝早死，成帝年幼即位，由母后王政君掌政。成帝死後，哀帝繼位，傅太后、丁太后及其外戚得勢，王家的勢力因此受到排擠。王莽於是暫時退位，隱居在新野。這段期間，他的兒子殺死家奴，王莽不但不迴護自己的兒子，反而逼他自殺謝罪，得到世人好評。

　　隱居的王莽，在百官不斷向哀帝陳情後，又請他回任官職，於是王莽又掌握了大權。

　　被哀帝封為太皇太后的王政君，和哀帝的祖母傅太后一直不

和，這一切王莽都看在眼裡。有一次，在朝廷宮中舉行宴會，侍者為傅太后布置座椅，打算坐在王政君旁，王莽大為不滿，對著侍者大聲的斥責說：「傅太后只是鄉野來的妾女，怎麼可以和至上的太皇太后，同桌共飲呢！」。

王莽知道怎樣討好姑媽，他知道太皇太后是他在朝中最大的靠山。他還呈報皇帝，冊封太皇太后的姊妹們，而這些姊妹們也就特別感謝王莽，常在太皇太后前讚賞王莽。

王政君提拔了王莽，而王莽為了鞏固自己的權勢，總是適時的協助王政君，兩人互為利用。

然而在王莽奪取了漢朝的政權改為新朝時，便請人去向太皇太后索取玉璽。這時太后竟然大聲的責罵：「王莽一家人，都是受到漢朝的恩惠，才能得到這麼多的富貴，如今不知報答，卻趁機奪取了國家，真是一點恩義也沒。」

養虎為患的王政君最終含恨而逝。

漢平帝

　　漢哀帝去世後，沒有兒子可以繼承皇位，依舊由太皇太后王政君掌管國政，而王莽也恢復了大司馬的職位。王莽於是迎請剛滿九歲的中山王繼任王位，這個九歲的小男孩，就是漢平帝。

　　平帝年紀小，無法管理國家大事，便由太皇太后代掌大權。此情此狀，王莽心中想當皇帝的欲望，就像雨後的草地一樣，越長越高，越長越茂；哀帝去世之後，王莽花了不少心力，才把政局穩固下來，然而整個權力卻由太皇太后所獨享。這讓王莽心中很是不平。

　　許多大臣也覺得王莽應該受到重用，便向太皇太后請示加封王莽。王莽知道之後，假意推辭，以退為進，隱退回到封地，暗地裡卻請自己的手下，抓了一隻白雉，兩隻黑雉，說是蠻夷進貢，有如周朝時周公的故事般，請朝廷加封王莽為安漢公。大臣們紛紛上門請求王莽回朝，王莽還是不接受，最後太皇太后只好下詔，王莽不得不接受為安漢公。

　　為了更加鞏固自己的權力，王莽心中盤算著，有沒有一勞永逸的好方法呢？如果讓自己的女兒當了平帝的皇后，不就對了嗎？

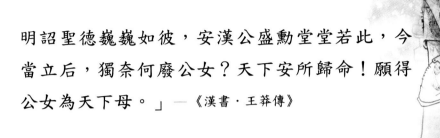

明詔聖德巍巍如彼，安漢公盛勳堂堂若此，今當立后，獨奈何廢公女？天下安所歸命！願得公女為天下母。」──《漢書·王莽傳》

　　他向太皇太后呈上奏章，説之前國家會有這麼多的災難，都是因為皇帝沒有繼任的兒子，最主要是娶來的皇后都少了應有的威儀和品德。於是一場經過精心設計的選后活動就開始了。

　　王莽唆使手下向太皇太后上書、每天有上千的儒生守候在宮門外、眾多大臣也在朝堂上……這些都是請求太皇太后選王莽的女兒為皇后。

　　結果不用説，當然是王莽的女兒成功當選，成為漢平帝的皇后。而王莽當了皇帝的岳父，權勢更加的穩固，求取天下的野心，也更加的明顯。

　　但最可憐的，當然就是少不經事的漢平帝了。

平帝疾，莽作策，請命於泰時，戴璧秉圭，願以身代。
藏策金縢，置于前殿，敕諸公勿敢言。 ——《漢書·王莽傳》

　　當享有了一切大權時，王莽想起以前漢哀帝曾重用自己母親等
外戚，使得自己失意落拓過一段時間。王莽想起這段往事，就會冒
出一身冷汗。他知道，無論如何也不能讓這種事再發生，於是下令
不准漢平帝的母親衛姬到宮中和平帝住在一起。這對於一國之君的
母親，情何以堪呢？

　　王莽的長子王宇，知道父親的所作所為，對這種分散別人骨肉、
不近人情的事，大為不滿，私底下偷偷的想幫助衛姬。但這事被王
莽知道，王莽為了自身的利益，不僅殺害了平帝母親的族人，居然
也逼迫王宇自殺，為了奪得天下，王莽連自己的兒子也不放過。

　　而那掛著皇帝名號的平帝，眼看著王莽所作所為，一點辦法也
沒有。即使自己的母親想見自己一面，也被禁止，身為一國之尊，
卻只能懷恨在心。

　　一個在平帝身邊的王莽心腹，告訴王莽說，皇上經常抱怨王莽

不准他的母親進宮，以及殺害舅舅族人的事。王莽一臉忿怒，心想：「你能坐上王位，忘了誰的功勞最大，現在卻怪起我來了！」於是一個狠毒的計策，在王莽心中慢慢成形。

按照慣例，皇帝每年年終歲祭時，都會感謝上蒼，讓百姓平安度過這一年，並祈福未來可以風調雨順。公元五年，歲祭完後，平帝在宮中宴請眾官。這時王莽獻上了一杯椒酒，恭祝皇上萬歲，而其實平帝喝下的是一杯毒酒。

平帝喝過酒後，一病不起。王莽還虛偽的向上天祈禱，希望以自己的身體來替代皇上受苦，為皇上而死都願意，祈望老天爺保佑平帝回復健康。甚至模仿周公在周武王病危時，把祝禱的祈福文，藏在金縢所做的匱子中，這一切看在大家眼中，但大家哪敢多説一句話呢。

漢平帝的性命，就這麼斷送在老奸巨猾的老丈人手裡。而西漢的命運，也一樣斷送在王莽的手中。

劉秀

　　漢平帝去世後，王莽立孺子嬰為皇太子。孺子嬰只有兩歲，因此太皇太后要王莽代天子處理朝政，稱「假皇帝」，臣民則稱為「攝皇帝」。意思是說這只是暫時代理，等孺子嬰長大之後，再把朝政大權還給孺子嬰；假戲最後卻真做，王莽篡位當了真皇帝，改國號為「新」。

　　王莽做了十五年的皇帝，一心想有所作為，以周禮為施政理想，號稱「新政」。但這些改革，只是理想，並不容易實行。常常百姓還沒得到好處，卻先蒙受害處；而且有時改變太快，老百姓或者各地官吏，不知道該怎麼遵守。

　　新朝末年，各地發生了災害，許多農民沒有食物可吃，於是淪為流民或是聚在山頭成為搶匪，最後成為反抗新朝的隊伍。當中最有名的就是綠林軍及赤眉軍。這時作亂的人，像被搗亂了蜂窩的蜜蜂一般，四處流竄、作亂。

　　劉縯、劉秀兄弟也在自己的家鄉舂陵（湖北省棗陽縣）起兵反抗王莽。劉秀的哥哥劉縯，交遊廣闊。而劉秀從小喜歡種田，非常

性勤於稼穡，而兄伯升好俠養士，常非笑光武事田業，比之高祖兄仲。乃之長安，受尚書，略通大義。

——《後漢書·光武帝本紀》

勤快。哥哥劉縯常拿高祖劉邦不願意種田，卻能創下漢朝的基業，而高祖的哥哥也像劉秀一樣，只對農事有興趣，到頭來還是個沒有成就的莊稼漢來取笑劉秀。於是劉秀離開家，到長安求取學問，也開拓了視野。

　　新朝末年，天下大亂，人民生活困苦，日子一天比一天難過。這時回到家鄉才二十幾歲的劉秀，和哥哥劉縯一致認為要把王莽打敗，拯救苦難的人民，於是召集鄉民起兵，並進入南陽與綠林軍聯合起來，一時之間，聲勢大振，有了不小的名號。

　　這個看來秀氣文弱的明日之星，誰也想不到，當他扛起恢復漢朝光榮的旗號時，身上卻流露出一股堅毅強悍的氣勢，而他 —— 劉秀 —— 正是推倒王莽「新朝」搖搖欲墜的積木的最重要人物。

諸部喜曰：「劉將軍平生見小敵怯，今見大敵勇，甚可怪也，且復居前。請助將軍！」——《後漢書·光武帝本紀》

劉秀是漢高祖的九世孫，長沙定王的後裔，九歲時父親去世，寄養在叔父劉良家中。

王莽建立新朝以後，一連串不當的措施，造成經濟蕭條，民生凋敝，荒旱連年，盜賊蜂起的局面。當時起兵反抗王莽的，有山東的「赤眉軍」、湖北的「新市兵」、江陵的「下江兵」、荊襄的「平林兵」。這時劉秀也回到故鄉，號召家鄉子弟兵一起反抗，號稱「舂陵兵」。

和劉秀一起起兵的各隊伍的人，看見這個平時怯懦，但在強敵圍繞時，不僅不退縮，反而爭先在前。一時之間，士氣大振，把王莽的部隊打得落花流水，也攻下了昆陽。

公元二十三年，王莽派四十二萬大軍，包圍昆陽，昆陽兵力少，

只有死守苦撐。眼看城池就要被王莽部隊攻陷，這時劉秀帶著十幾名壯士，逃出昆陽，召來三千多名援軍，回頭突襲王莽的軍隊。王莽軍措手不及，陣腳大亂四散而去。

昆陽之戰，劉秀一戰成名，也決定了王莽失敗的命運。

劉秀領導的「綠林軍」乘勝追擊，攻打長安城。長安城中的人民響應，劉秀軍隊順利攻入皇宮，最後商人杜吳一刀結束了王莽的生命，結束了新朝。

充滿理想，手段激進卻而沒有效能的王莽，就這樣走入歷史，死時六十八歲。

新朝被推翻後，劉秀在鄗（今河北柏鄉北）稱帝，史稱光武帝。劉秀仍號漢朝，史稱東漢。劉秀建立東漢後，改革官制，加強對官吏的監察。推翻王莽的井田制，把公田借給農民耕種，安置各地流民。這些措施，讓混亂的時局很快安定下來，在劉秀的帶領下，東漢日漸興盛，史稱「光武中興」。

而王莽就此埋葬在歷史的煙塵裡，漸漸被人遺忘了。

當王莽的朋友

　　歷史解讀王莽，總是多帶著負面的眼光：「篡位奪權的罪人」、「改朝換代的失敗者」、「虛偽的假皇帝」，於是他壞人的形象便在我們腦裡根深蒂固，很難抹去。

　　王莽從小孝順懂事，生活儉樸又勤勉讀書。做官以後，謙卑的態度以及無私的奉獻讓他享譽美名，廣受皇帝賞識和人民景仰，於是官運一路順遂，逐漸掌攬國家大權。

　　撇開篡位不說，如果我們仔細觀察他曾建立的改革制度，你可以發現，王莽立制的出發點都是好的：瓦解奴隸制度、耕地重新分配、控制物價……等，其措施制度都可指出王莽是一位飽讀詩書，有學問有智慧的人。但是他改革的步伐過於激進，反而把國家弄得一片混亂，沒帶給人民福祉，還惹來人民群眾普遍不滿。這樣說來，王莽似乎人如其名莽莽撞撞，缺乏理智，只憑一時的想法和情緒做事。

　　若王莽生活在現代，說不定他會是一個出色的政治家。因為他懷有上進心，滿腔熱血不畏現實打壓，充滿幹勁促進改革實施。最厲害的一點，他懂得察言觀色，順應時勢。

　　王莽是一位理想主義者，縱使當時社會不領情，但可貴的是他對於力行改變國家，那顆積極進取的心。因此別再一味認為王莽是一位偽君子了，其實他也有讓我們值得學習的地方。

我是大導演

看完了王莽的故事之後，
現在換你當導演。
請利用紅圈裡面的主題（改革），
參考白圈裡的例子（例如：野心），
發揮你的聯想力，
在剩下的三個白圈中填入相關的詞語，
並利用這些詞語畫出一幅圖。

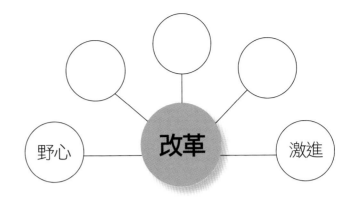

経典 °
少年遊

youth.classicsnow.net

◎ 少年是人生開始的階段。因此，少年也是人生最適合閱讀經典的時候。

因為，這個時候讀經典，可以為將來的人生旅程準備豐厚的資糧。

因為，這個時候讀經典，可以用輕鬆的心情探索其中壯麗的天地。

◎ 【經典少年遊】，每一種書，都包括兩個部分：「繪本」和「讀本」。

繪本在前，是感性的、圖像的，透過動人的故事，來描述這本經典最核心的精神。

小學低年級的孩子，自己就可以閱讀。

讀本在後，是理性的、文字的，透過對原典的分析與說明，讓讀者掌握這本經典最珍貴的知識。

小學生可以自己閱讀，或者，也適合由家長陪讀，提供輔助說明。

001 黃帝　遠古部落的共主
The Yellow Emperor:The Chieftain of Ancient Tribes

故事／陳昇群　原典解說／陳昇群　繪圖／BIG FACE

遠古的黃河流域，衰弱的炎帝，無法平息各部族的爭戰。在一片討伐、互鬥的混亂局勢裡，有個天生神異，默默修養自己的人，正準備崛起。他，就是中華民族共同的祖先，黃帝。

002 周成王姬誦　施行禮樂的天子
Ch'eng of Chou:The Establishment of Chinese Etiquette

故事／姜子安　原典解說／姜子安　繪圖／簡漢平

年幼即位的周成王，懷抱著父親武王與叔叔周公的期待，與之後繼位的康王，一同開創了「成康之治」。他奠定了西周的強盛，開啟了五十多年的治世。什麼刑罰都不需要，天下無事，安寧祥和。

003 秦始皇　野心勃勃的始皇帝
Ch'in Shih Huang:The First Emperor of China

故事／林怡君　原典解說／林怡君　繪圖／LucKy wei

綿延萬里的長城、浩蕩雄壯的兵馬俑，已成絕響的阿房宮……這些遺留下來的秦朝文物，代表的正是秦始皇的雄心壯志。但是風光的盛世下，卻是秦始皇實行暴政的證據。他在統一中國時，也斷送了秦朝的前程。

004 漢高祖劉邦　平民皇帝第一人
Kao-tsu of Han:The First Peasant Emperor

故事／姜子安　故事／姜子安　繪圖／林家棟

他是中國第一個由平民出身的皇帝，為什麼那麼多人都願意為他捨身賣命？憑什麼他能和西楚霸王項羽互爭天下？劉邦是如何在亂世中崛起，打敗項羽，成為漢朝的開國皇帝？

005 王莽　爭議的改革者
Wang Mang:The Controversial Reformer

故事／岑澎維　原典解說／岑澎維　繪圖／鍾昭弋

臣民都稱呼他為「攝皇帝」。因為他的實權大大勝過君王。別以為這樣王莽就滿足了，他覬覦的可是真正的君王寶位。於是他奪取王位，一手打造全新的王朝。他的內心曾裝滿美好的願景，只可惜最終變成空談。

006 北魏孝文帝拓跋宏　民族融合的推手
T'o-pa Hung:The Champion of Ethnic Melting

故事／林怡君　原典解說／林怡君　繪圖／江長芳

孝文帝來自北魏王朝，卻嚮往南方。他最熱愛漢文化，想盡辦法要讓胡漢兩族的隔閡減少。他超越了時空的限制，不同於一般君主的獨裁專制，他的深思遠見、慈悲寬容，指引了一條民族融合的美好道路。

007 隋煬帝楊廣　揮霍無度的昏君
Yang of Sui:The Extravagant Tyrant

故事／劉思源　原典解說／劉思源　繪圖／榮馬

楊廣從哥哥的手上奪走王位，成為隋煬帝。他也從一個父母眼中溫和謙恭的青年，轉化成為嚴格殘酷的帝王。這個任意妄為的皇帝，斷送了隋朝的未來，留下昭彰的惡名，卻也樹立影響後世的功績。

008 武則天　中國第一女皇帝
Wu Tse-t'ien:The only Empress of China

故事／呂淑敏　原典解說／呂淑敏　繪圖／麥震東

她不只想當中國第一個女皇帝，她還想開創自己的朝代，把自己的名字深深的刻在歷史的石碑上。她還想改革政治，找出更多人才為國家服務。她的膽識、聰明與自信，讓她註定留名青史，留下褒貶不一的評價。

◎ 【經典少年遊】，我們先出版一百種中國經典，共分八個主題系列：

詩詞曲、思想與哲學、小說與故事、人物傳記、歷史、探險與地理、生活與素養、科技。

每一個主題系列，都按時間順序來選擇代表性的經典書種。

◎ 每一個主題系列，我們都邀請相關的專家學者擔任編輯顧問，提供從選題到內容的建議與指導。

我們希望：孩子讀完一個系列，可以掌握這個主題的完整體系。讀完八個不同主題的系列，

可以不但對中國文化有多面向的認識，更可以體會跨界閱讀的樂趣，享受知識跨界激盪的樂趣。

◎ 如果說，歷史累積下來的經典形成了壯麗的山河，那麼【經典少年遊】就是希望我們每個人

都趁著年少，探索四面八方，拓展眼界，體會山河之美，建構自己的知識體系。

少年需要遊經典。

經典需要少年遊。

009 唐玄宗李隆基　盛唐轉衰的關鍵
Hsuan-tsung of T'ang:The Decline of the T'ang Dynasty

故事／呂淑敏　原典解說／呂淑敏　繪圖／游峻軒

他開疆闢土，安內攘外。他同時也多才多藝，愛好藝術音樂，還能譜曲演戲。他就是締造開元盛世的唐玄宗。他創造了盛唐的宏圖，卻也成為國勢衰敗的關鍵。從意氣風發，到倉皇逃難，這就是唐玄宗曲折的一生。

010 宋太祖趙匡胤　重文輕武的軍人皇帝
T'ai-tsu of Sung:The General-turned-Scholar Emperor

故事／林哲璋　原典解說／林哲璋　繪圖／劉育琪

從黃袍加身到杯酒釋兵權，趙匡胤抓準了時機，從軍人成為實權在握的開國皇帝。眼見藩鎮割據的五代亂象，他重用文人，集權中央。他開啟了平和的大宋時期，卻也為之後的宋朝埋下被外族侵犯的隱憂。

011 宋徽宗趙佶　誤國的書畫皇帝
Hui-tsung of Sung:The Tragic Artist Emperor

故事／林哲璋　原典解說／林哲璋　繪圖／林心雁

他不是塊當皇帝的料，玩物喪志的他寧願拱手讓位給敵國，只求能夠保全藝術珍藏。宋徽宗的多才多藝，以及他的極致享樂主義，都為我們演示了一個富有人格魅力，一段飽充滿人文氣息的小品集。

012 元世祖忽必烈　草原上的帝國霸主
Kublai Khan:The Great Khan of Mongolia

故事／林安德　原典解說／林安德　繪圖／AU

忽必烈——草原上的霸主！他剽悍但不霸道，他聰明而又包容。他能細心體察冤屈，揚善罰惡；他還能珍惜人才，廣聽建言。他有著開闊的胸襟和寬廣的視野，這個馳騁草原的霸主，從馬上建立起一塊遼遠的帝國！

013 明太祖朱元璋　嚴厲的集權君王
Hongwu Emperor:The Harsh Totalitarian

故事／林安德　原典解說／林安德　繪圖／顧珮仙

從一個貧苦的農家子弟，到萬人臣服的皇帝，朱元璋是怎麼辦到的？他結束了亂世，將飽受戰亂的國家，開創另一個新局？為什麼歷史評價如此兩極，既受人推崇，又遭人詬病，究竟他是一個好皇帝還是壞皇帝呢？

014 清太祖努爾哈赤　滿清的奠基者
Nurhaci:The Founder of the Ch'ing Dynasty

故事／李光福　原典解說／李光福　繪圖／蘇偉宇

要理解輝煌的清朝，就不能不知道為清朝建立基礎的努爾哈赤。他在明朝的威脅下，統一女真部落，建立後金。當他在位時期，雖然無法成功消滅明朝，但他的後人創立了清朝，為中國歷史開啟了新的一頁。

015 清高宗乾隆　盛世的十全老人
Ch'ien-lung:The Great Emperor of the Golden Age

故事／李光福　原典解說／李光福　繪圖／唐克杰

乾隆在位時期被稱為「康雍乾盛世」，然而他一方面大興文字獄，一方面還驕傲的想展現豐功偉業，最終讓清朝國勢日漸走下坡。乾隆讓我們看到了輝煌與鼎盛，也讓我們看到盛世下的陰影，日後的敗因。

經典 少年遊

youth.classicsnow.net

005
王莽　爭議的改革者
Wang Mang
The Controversial Reformer

編輯顧問（姓名筆劃序）
王安憶　王汎森　江曉原　李歐梵　郝譽翔　陳平原
張隆溪　張臨生　葉嘉瑩　葛兆光　葛劍雄　鄭培凱

故事：岑澎維
原典解說：岑澎維
繪圖：鍾昭弋
人時事地：曾柏偉

編輯：張瑜珊 張瓊文 鄧芳喬
美術設計：張士勇
美術編輯：顏一立
校對：陳佩伶

企畫：網路與書股份有限公司
出版者：大塊文化出版股份有限公司
台北市10550南京東路四段25號11樓
www.locuspublishing.com
讀者服務專線：0800-006689
TEL：+886-2-87123898
FAX：+886-2-87123897
郵撥帳號：18955675
戶名：大塊文化出版股份有限公司
法律顧問：全理法律事務所董安丹律師

總經銷：大和書報圖書股份有限公司
地址：新北市新莊區五工五路2號
TEL：+886-2-8990-2588
FAX：+886-2-2290-1658
製版：沈氏藝術印刷股份有限公司

初版一刷：2012年12月
定價：新台幣299元